Àlex Susanna

Entering The Cold

Translations from the Catalan

Poetry Ireland Ltd./Éigse Éireann gratefully acknowledges the assistance of
The Arts Council/An Chomhairle Ealaíon, the Arts Council of Northern
Ireland and FÁS.

The International Translation Network is also grateful for funding from

The Ariane Programme of the European Union

Northern Arts, Newcastle upon Tyne

ISBN: 1-902121-19-8

Series Editor: Theo Dorgan
Typesetting: Sheila Phelan
Graphics: Niamh Morris
Cover Design: Pearse O'Reilly at Fever
Cover Photographs: Ray Butler

Printed in Ireland by ColourBooks Ltd., Baldoyle Industrial Estate, Dublin 13.

Poetry Translation Seminars at
The Tyrone Guthrie Centre, Annaghmakerrig

In association with partners in a number of other countries, Poetry Ireland together with The Tyrone Guthrie Centre have been organising seminars for the translation of contemporary poetry since 1990.

These seminars have been conducted with the financial assistance of both Arts Councils in Ireland, the Ariane programme and, for some years, Northern Arts in the UK.

Two poets from a participating country are invited to Annaghmakerrig for one week and in the company of interpreters have their work translated to English by a team of up to ten poets, most of them Irish but including two British poets nominated by Northern Arts. The aim of the seminar is to produce in a week sufficient poems to enable Poetry Ireland to publish a bilingual volume of each guest poet's work. Reciprocal seminars are organised in the other participating countries, with teams assembled to translate and publish the work of Irish poets. The partner organisations in the network at present are based in Catalonia, France, Portugal, Italy, Turkey and Israel.

Our aims are these: to make available to readers in a number of countries a substantial body of work translated from other languages, reflecting and intervening in the rich mix of cultures which is our characteristic late-twentieth century experience; to introduce poets to the experience of translating and being translated in poet-to-poet encounters; to promote in the participating countries a lively interest in, and commitment to, the exploration of other cultures, other literatures. We have found that what separates us is at least as interesting as what we have in common. It is our hope that the sense of provocative encounter, of other worlds we can touch if not fully inhabit, is at least as lively for the reader as it has been for those of us translating and being translated.

— Theo Dorgan
Series Editor

European Network for the Translation of Contemporary Poetry

Fondation Royaumont
95270 Asnières-sur-Oise, France.

Künstlerhaus Schloss Wiepersdorf
Bettina von Anim Strasse 13, 14913 Wiepersdorf, Germany.

Poetry Ireland
Bermingham Tower, Dublin Castle, Dublin 2, Ireland.

The Tyrone Guthrie Centre
Annaghmakerrig, Newbliss, County Monaghan, Ireland.

Helicon Society For The Advancement Of Poetry In Israel
P.O. Box 6056, Tel Aviv 61060, Israel.

Marcos Y Marcos
Via Settala 78, 20124 Milano, Italy.

Casa De Mateus
5000 Vila Real, Portugal.

Revista Poesis
Str. Al. I Cuza nr. 2, Satu Mare 3900, Romania.

Ediciones Hiperion
Calle Salustiano Olozaga 14, 28001 Madrid, Spain.

Institucio De Les Lletres Catalanes/Editorial Columna
Carrer Tarongers 27, 08790 Gelida, Barcelona, Spain.

Baltic Centre For Writers And Translators
Uddens Grand 3, Box 1096, 621 21 Visby, Sweden.

Association Le Divan
Ipek Sokak no. 9, 8060 Beyoglu, Istanbul, Turkey.

Northern Arts
10 Osborne Terrace, Jesmond, Newcastle-Upon-Tyne NE2 1N2, United Kingdom.

Contents

Tres Nus A Les Termòpiles

En una gorga de bella anomenada
jeuen, com esquitxats damunt les roques,
tres nus de pell tesa i cabellera lassa.
Reposen al baterell del sol, a tot indiferents,
sense mai no cansar-se'n. Només de tant en tant,
l'aigua acull els seus cossos, i els revifa,
però ells s'encenen de reflexos. Tot és inútil:
la pell, quan crema, és indomable.

A la nit, en cada un d'aquests cossos,
retrobarem el contacte amb la terra abrusada,
terra que jeu oberta de set
i demana aigua sense clemència!

Three Nudes At Thermopylae

By a curiously-named pool,
three nudes dashed on the rocks,
their skin stretched tight, their hair loose.
The sun beats down
on their tireless indifference to everything.
Now and then the water welcomes their bodies,
revives them; light flares again on their skin.
Nothing to be done,
the skin when it burns is indomitable.

At night, in each of these bodies
We touch again the burning earth,
earth which lies open with thirst,
insatiable, without mercy.

Note: *Thermopylae* — Pyrenaean mountain pools

Hivern

La pluja, com el foc,
són bons companys de l'home.
De l'home que llegeix
o del qui escriu cartes perdut entre records
que malden per imposar-se . . .
Però també dels amants,
d'aquells que es diuen tendres paraules
que en arribar als llavis
s'esvaeixen com fràgil escuma . . .
Bons companys, sí, de l'home en general;
el seu repicament o el seu guspireig
ens aïllen de l'exterior — del món —
i restem així reclosos en la cambra
tant com ho estem dins nostre:
lluny de tot, però satisfets
d'aquest govern exercit
en nosaltres mateixos,
i que ens té alhora com a únics
súbdits, i únics sobirans.

La vida, llavors, esdevé
inacabable successió de revelacions . . .
I nosaltres, solitaris espectadors emmudits.

Winter

Rain, like fire,
is a good companion to man.
To the one who reads
or who writes letters,
lost among memories
vying for attention . . .
to lovers also,
whispering tender words
which vanish like seaspray
on reaching the lips . . .
Good companions to man in general;
their patter and crackle
isolate us from the outside
— the World —
and so we stay enclosed in the room
as much as in the self,
far from everything, but satisfied
with this rule imposed
upon ourselves,
which makes us sole subjects
and sole sovereigns.

Life, then,
an endless procession of revelations
and we, spectators, solitary, made dumb.

El Vidre

Que llargues, les nits d'hivern,
en certs indrets bells però terribles,
que ens han acollit amb aparent dolcesa:
plou i fa vent i gela impietosament,
i sovint em desvetllo, torbat, a alta nit,
i em reconforta sentir el respir del teu cos jove
que dorm, indefens, contra meu,
però s'apodera altre cop de mi l'espant
quan passo una mà pel teu flanc
i et sento freda i glaçada
com el vidre que ens separa de fora:
m'adono, llavors,
que no ets tu la meva dona
ni aquesta la meva ciutat,
però m'espanta sobretot la possibilitat
que aquest tampoc no sigui el meu temps
— la por de trobar-se a la intempèrie —
i no puc sinó despertar-te, frisós,
perquè m'apuntalis de nou en el nostre present,
encara jove i tan fràgil.

The Glass

How long the winter nights,
in these beautiful but terrible places
which welcome us with apparent gentleness;
it rains, the wind blows and it freezes pitilessly,
often I awake, troubled, late in the night,
and it comforts me to hear the breathing of your young body
sleeping, defenceless, up against mine,
but once more horror grips me
when I brush my hand along your skin
and feel you cold, frozen,
like the glass that separates us from the outside:
then I realise
that you are not my wife,
and this is not my city,
but mostly I am frightened by the possibility
that this is not my time
— the fear of finding oneself in rough weather —
and I cannot but anxiously wake you,
so that you will prop me up again in our present,
still young and so fragile.

Fragilitat

Dues copes no del tot buides
però desemparades en ple matí,
assenyalen un final, un inici i un dubte.
Ens havíem conegut aquell mateix vespre;
vam anar saltant d'un bar a l'altre
pels freds carrers de la ciutat nevada,
i en volubles converses entre gent i més gent
vam saber acostar-nos amb pericia i astúcia . . .
Després, a casa, dues copes
abandonades davant d'un sofà
ens mostrarien l'últim preàmbul
abans de començar la nit
i ser definitivament engolits pel tacte.
Però quan, eufòric, el matí següent
netejava les copes i me'n lliscava una
i veia estupefacte el seu immediat trencament,
no vaig poder sinó dubtar de tot
i adonar-me de l'extrema incertesa
de certes coses:
massa urgència ens mou a acostar-nos
com per acollir en les nostres mans
la finesa del cristall,
la fragilitat de l'amor.

Fragility

Two glasses not entirely empty
but exposed in the full light of day,
reveal an ending, a beginning and a doubt.
We had met that same evening;
we skipped from bar to bar
in the cold snowy streets of the city,
and in casual conversation with more and more people
we managed to draw close to each other
with calculated ease ...
Later, at home, two glasses
abandoned in front of a sofa
marked the final preamble
before the night began
and we were completely swallowed by touch.
But when, the following morning, elated,
I was cleaning the glasses, and one slipped
and stupefied I watched it shatter in an instant,
I could not help but doubt it all
and realise the absolute uncertainty
of certain things:
too much urgency brings us together
to take in our hands
the delicacy of glass,
the fragility of love.

Encontre

A Stephen Spender

Cinquanta anys després,
un matí assolellat de juny,
va suggerir de quedar a l'entrada
del Museu d'Art Romànic, a Barcelona
("the most magnificent collection
of what is called Romanesque Art",
deia, entusiasta, al seu amic Christopher
en una carta de l'abril del 36),
d'hora, cap a quarts d'onze,
pero l'avió, ja se sap, va retardar-se.
Mentre l'esperava vaig rellegir
algun dels seus poemes;
travessen tota una vida, em deia,
lentament, cada cop més lentament,
com un ample riu que tot ho abraça
sense violències:
la guerra dels uns, la dels altres,
les petites conteses particulars,
records de països i encontres llunyans . . .

Passejàrem després entre frescos antics
de remotíssimes esglésies pirinenques
— rics de color, potents,
agosarats sense sapber-ho —
en comentàrem algun detall,
i, en sortir, mirant-lo i escoltant-lo
— la seva alta figura lleument encorbada
pels anys i els records —
no vaig poder sinó agrair, dins meu,
intensament,
la vida que s'allarga,
els destins que s'encreuen,
les coses que queden.

Encounter

for Stephen Spender

Fifty years later, one sunny morning in June,
he suggested meeting at the entrance
of the Museu d'Art Románic, in Barcelona
("the most magnificent collection
of what is called Romanesque art,"
he said, enthusiastically, to his friend Christopher
in a letter of April '36),
early, around half past ten,
but the plane, as usual, was late.
While I waited for him I reread
a few of his poems;
they span a whole life,
slowly and more slowly,
like a wide river that embraces all
without violence:
one lot's war, the other's,
the petty private disputes,
memories of distant lands and
encounters . . .

Later, we walked between ancient frescoes
from very remote Pyrenean churches —
rich in colour, potent,
daring without knowing it —
we commented on the odd detail,
and, on leaving, looking at him,
listening to him — his tall figure slightly stooped
by the years and his memories —
I could not help but be grateful,
intensely so,
for life long drawn out,
for destinies which cross,
for things which remain.

Naufragi

Plou, amor, sempre que véns,
i trona i llampega premonitòriament
com per avisar-me que rere teu
s'hi amaga una delicada tempesta
que pot fer estralls dins meu . . .
Arribes espurnejant de pluja
i caiem de nou l'un dins l'altre,
fins a convertir-nos per uns moments
en una sola onada de pell
que envesteix furiosa
la costa del desig . . .
Renaixem després nous i pletòrics,
i fixem llavors els nostres ulls
en els perills del cos de l'altre,
com per reconèixer els diferents esculls
amb què hem anat topant
al llarg del nostre periple . . .

El viatge de l'amor
vol tanta embranzida com càlcul:
si no, el plaer es deixata en oblit
i res no pot sorprendre'ns
perquè res no ha estat previst.

Shipwreck

It rains, love, always when you come —
thunder and lightning, portents
to warn that in your wake
a fine-tuned tempest hides
that might cause havoc in me . . .
You arrive glittering with rain
and once more we fall, one into the other
until for a few moments we become
one single wave of skin
breaking in fury
on the coast of desire . . .
Afterwards we are reborn,
abundant and new,
we fix our eyes then
on the perils of each other's bodies,
seeking to recognize the different reefs
against which we have driven
in course of our journey . . .

The voyage of love
requires calculation as much as impulse:
otherwise pleasure dissolves in oblivion
and nothing can then surprise us
because nothing has been foreseen.

Silencis

Digue'm què penses,
em preguntes ara i adés,
nua, estesa prop meu,
quan callo i semblo perdut.
Digue'm què penses . . .
Podria ser que estigués lluny,
del tot esgarriat en un altre món
i sentint més que mai la distància
que ens separa,
però si és prop teu que callo,
no pateixis, dona,
que l'emmudir sols ve del plaer
i la felicitat gràvida
que de mi s'apodera
sempre que ens posseïm.

Silences

What are you thinking about,
you ask me from time to time,
lying at ease beside me
when I am silent and seem lost.
What are you thinking about . . .
It might be I am far away,
astray in another world and
feeling more than ever
the distance between us but
if, beside you, I am silent
do not be worried, do not be pained —
this falling silent comes only
from the pleasure,
the gravid felicity,
which takes hold of me
whenever we possess each other.

La Desfeta

Neva, neva durant tota una llarga nit
en una ciutat llunyana,
entelada de boires en el seu record.
Allí van casar-se fa bastants anys,
enmig de música, balls i somriures;
ara celebren una festa aliena
i veient l'alegria dels altres
senten com grinyola la pròpia:
riuen, però per dins callen;
beuen, però res no sacia
l'eixutor del seu cor;
ballen també, però alguna cosa
els manté immòbils dins seu.

No s'adormen, estan desperts:
cadascú pensa en la desfeta
mentre a fora un dolç mantell
de blanc silenci
amortalla la seva terra.

The Defeat

It's snowing, snowing the whole long night
in a far-off city,
a city mist-bound in their memory.
There so many years ago they married,
amidst music, dances and smiles;
now they celebrate an alien feast
and seeing the happiness of others
they hear how their own creaks:
they laugh, but fall silent in themselves;
they drink, but nothing can slake
the drought in their hearts;
and they dance, but something
inside holds them immobile.

They cannot sleep, they lie awake:
each ponders this defeat
while outside a gentle mantle
of white silence
falls like a shroud upon their land.

Camporells (Capcir)

A Antoni Cayrol i Elena

Després d'unes hores de camí,
espicossats encara pel fred de matinada,
hi caiem al damunt quan poc ens ho esperem
i els estanys, amagats entre penyes,
se'ns mostren trèmuls i foscos
com ocells sobtats al niu
que mig desclouen els ulls . . .

Amb la llum naixent,
aquests ulls adormits i temorencs
s'aniran esparpillant fins a esdevenir
límpid mirall del dia,
fúlgida pell de l'aigua.
Tot, tot s'hi abocarà
delerós de ser-hi reconegut:
boscos, cels, núvols i bèsties.
De tant en tant, però,
un lleu estremiment de gaudi o de dolor
percorrerà la seva espinada
i, per uns moments,
els estanys seran també mirall nostre:
fràgils, tremolaran per no res.

Camporells (Capcir)

for Antoni Cayrol and Elena

A few hours up the track,
still pinched by the early-morning cold,
we came upon them when least expecting to —
hidden between rocks, the pools
showed themselves tremulous and dark
like birds surprised in the nest,
their eyes half-open . . .

In the new-born light
these sleepy and frightened eyes
will gradually widen, become
limpid mirror of day,
resplendent skin of water.
Eager for recognition,
woods, skies, clouds & beasts —
everything tumbles in.
From time to time, however,
a jolt of pain or joy
runs the length of them
and for a moment
the pools mirror us also:
fragile, they tremble for nothing.

Totsants A Canejan (Vall d'Aran)

Al cementiri, dones d'edat,
de seca pell corrugada
i negra vestidura,
cuiden les tombes.
En delimiten els túmuls,
en desbrossen els rodals,
i hi dipositen amb cura
tota mena de flors
en tristos flascons
que el vent després tombarà . . .
Fa, però, un matí esplendent,
estranyament lluminós.
Fa fins i tot calor
en un dia com avui
en què res no ens recorda la mort.
I és que, potser, també la mort
de tant en tant coneix
els seus moments de joia . . .

All Saints Day At Canejan (Valley of Aran)

In the cemetery, old women
with dry, wrinkled skin
and dressed in black
tend to the graves.
They weed the plots
and surrounding paths,
placing flowers of all kinds
in sad bottles
for the wind to knock over.
Surprisingly, it is a splendid morning,
strangely luminous.
It is even warm, on a day
in which nothing reminds us of death.
Perhaps because even death,
once in a while,
knows its moments of joy . . .

Edat Doblada

Com t'ha maltractat la vida en pocs anys:
em mostres una foto de carnet
dalt l'avió que ens retorna d'uns dies
de feina a l'estranger,
i veig com en el mar d'aquells ulls de vint anys
la vida és encara una costa llunyana,
deserta de pors i espadats,
àvida d'acollir en les seves cales
tot allò que se li presenti . . .
Però ara que et doblen els anys i vora meu
et tinc contant-me coses del passat,
cruel mostra el temps les seves urpades
i el teu bell rostre veig cansat,
crispat per tot el que l'assetja
— una separació, un fill molt jove,
un son escàs i molta mala llet al teu voltant —
per bé que són potser les teves mans el camp
on l'arada del temps més feina ha fet:
tot de trencs i clivelles de cap a cap les solquen
i delaten la força amb què has hagut
d'aferrar-te a tu mateixa
perquè la vida no se t'endugués.

Twice The Age

What life has done to you in so few years!
In the plane bringing us back
from some work abroad,
you show me an I.D. photo —
in the sea of those eyes at twenty
life is still a distant coast
with neither fears nor cliffs,
ready to welcome in its coves
whatever fetches up there.
Now twice the age, you sit beside me
speaking of the past,
and time shows its cruel claw-marks
on this tired, still beautiful face,
drawn by all that besieges it —
a separation, a very young child,
trouble sleeping, bad blood all around you —
although, perhaps your hands are the field
in which time's harrow has done most work:
cracked and fissured from side to side
they betray the strength with which you have
had to hang on to yourself,
so that life would not bear you away.

Davant D'Un Claustre

Aquelles mans sabien treballar
el fang i la fusta, però també
materials més contumaços
com el ferro, com la pedra collida
al faldar de l'alta carena
d'on cada matí davallava
una llum emboirada . . .
Aquelles mans se les havien
amb el que de més durador
tenien a l'abast
per sostreure's a pors i feredats:
la de l'ignot, la de l'enllà,
la d'aquell que tot ho veu i comanda
des de la seva alçada inescrutable
— grops i sequeres, plagues i malures,
fortuna o malastrugança,
la vida i la mort que tan fàcilment
arriben com se'n van . . .
Aquelles mans sabien treballar
el més indòmit, i als timpans
de les portalades o als capitells
dels claustres van llegar-nos
personatges i escenes ben precises,
tot un compendi
de la seva visió del món:
una ronda de set lleons
engrapats l'un a l'altre
tot mostrant-vos les dents
i la tenebra d'una fonda gola,
una parella d'abrivats guerrers
amb les seves dones galanes
de llargues trenes,
quatre grius llenguts i terrífics
que ens repten amb el seu esguard feral,
uns reis ponderosament abillats
enmig dels quals s'alcen brancs de palmera
i fèrtils ramells de dàtils, i a l'últim

Before A Cloister

Those hands know how to work
wood and clay, but also
more obstinate materials
like iron, like stone gathered
on the slopes of a high hill
on which every morning
a foggy light descended . . .
Those hands struggled with
whatever was more durable
and within reach
in order to banish fears and terrors:
of the unknown, of the beyond,
of he who sees all and commands all,
inscrutably, on high —
floods and draughts, plagues and pestilence,
fortune or misfortune,
the life and death
that go as easily as they had come . . .
Those hands knew how to work
the most indomitable things,
on the tympanums of the portals or the capitals
of the churchyard they bequeathed us
very precise figures and scenes,
a veritable companion
of their vision of the world:
a round of seven lions
clinging to each other
while showing their teeth
and the gloom of cavernous throats,
a couple of courageous warriors,
their genteel wives with long plaits,
four garrulous and frightening gryphons
challenging each other with ferocious stares,
ponderously adorned kings,
palm leaves and fertile bunches of dates
rising above them, and at last

un heroi solar d'ulls esbatanats
que s'aixeca cel amunt cavalcant
un parell d'àligues ben aferrades
al collarí del capitell . . .

Tothom, des de segles, s'està al seu lloc,
immòbil, impertèrrit,
només lleument desgastat pels temperis
del cru hivern, però no sabent ja
què dir-nos que puguem entendre,
tan allunyats estem del seu malviure,
per bé que noves pors ens ronden i roseguen . . .

Tots aquests personatges
— lleons, guerrers, grius, reis i herois —
són ara portants d'una estranya força,
una força ignota que els du a viure
sens que en sàpiguen el motiu:
sols així perduren enllà dels segles
i alçar poden la mà, els ulls o les urpes
cap a un futur on res
no els és permès de fer
llevat d'uns pocs gestos inabastables,
però contundents i augurals com la millor poesia . . .

a solar hero with burning eyes
scaling towards heaven, riding
a pair of eagles fixed firmly
to the collar of the capital ...

For centuries, they have been in place,
immovable, undaunted,
only slightly eroded by the storms
of raw winters, but no longer knowing
what to tell us that we might understand,
so distant are we from their harsh world,
even though new fears stalk and worry us . . .

All these characters —
lions, warriors, gryphons, kings and heroes —
are now carriers of some strange power,
an arcane strength which makes them leave
without their knowing why or how:
only thus can they endure the ages
and rise a hand, an eye, a claw
towards a future where they are
permitted nothing
but a few unreachable gestures,
striking and augural as the best poetry . . .

Procacitat

L'amor, amb els anys, es fa més procaç:
només llavors comencen a conèixer-se
els nostres cossos, i no dubten ja
a fer i a dir tot allò que els rosega,
car sols així es regalen, i no amb lleus
envestides arnades de temença.

Però no sols procaç l'amor es fa amb els anys,
sinó que no s'entén defora d'ell mateix.
Amb els anys l'amor és per no ser dit:
només tu i jo sabem fins on ens acostem
cada cop que l'un encimbella l'altre,
i aquest és el més preuat botí nostre.

Insolence

Love, with the years, becomes more insolent:
only then do our bodies begin
to know themselves, and no longer hesitate
to do and say what gnaws away inside,
for only thus can they find delight,
and not with feeble assaults pitted with fear.

But love not only becomes insolent with the years,
outside of itself, it is impossible to understand.
With the years, love is not to be told:
only you and I know how close we come
every time we rise each other up,
and this is our most precious spoil.

Principi Del Fred

Néixer és abismar-se
i aparèixer,
irrompre bruscament,
sense pietat;
és emergir d'una mar fonda
com qui remunta no volent
llunyans graons de temps
— les fèrtils aigües que vosaltres
serveu a dins com un ver mite,
invisible però efectiu,
tothora presidint-nos —;
és brollar d'unes clares tenebres
on et pastaves, fill, amb insistent batec
fins a ser ja qui ets,
del tot perfet i acomplert:
plançó, poltre, prodigi,
criatura immensa,
mar oberta.

Entering The Cold

To be born is to plunge into the abyss
and then
to appear, abrupt
and pitiless;
it is to emerge from a deep sea
like one reluctant to soar
the distant steps of time
— the fertile waters which you
guard within like a true myth,
invisible but determining,
always presiding over us —;
it is to surge up from clear darkness
where you, my son, were shaping yourself,
persistent beat,
until you became who you now are,
fully perfect and achieved:
colt, offspring, prodigy,
immense creature,
open sea.

Pels Vials De La Facultat

Pels vials de la facultat s'apressen
amb aire capficat alguns alumnes
cap a les clares aules — radiants
de llum i fullatge tot a l'entorn —
on els espera en canvi un fosc saber . . .
Me'ls miro, mentre avanço lentament,
i penso que potser en fan un gra massa:
no és tan amarg com creuen el verí
d'aquesta assignatura matinal
que els porta de corcoll des de fa mesos . . .

Hores després, quan la tarda ha caigut
i tot sembla arremolinar-se
cap a un vòrtex inexistent,
coincidim al restaurant per sopar.
Llavors són ells els qui em miren — cansat,
sorrut, amb un esguard girat del tot
cap endins, poc amic ja de paraules —
i furtivament deuen dir-se: aquest
bé s'ho podria prendre, ell que en sap tanta,
amb una mica més de filosofia . . .

Perdut entre el seu aldarull,
la seva gresca animosa i creixent,
sóc com una illa d'aparent serenitat
on no arriba, però, cap nàufrag . . .
Ells viuen més que mai en els extrems
mentre que per a mi ja no existeixen
gaires diferències: dolor i joia,
i feina i oci, s'han envaït mútuament
fins arribar a confondre's
i gairebé ser una mateixa cosa . . .

Incapaç ja de trasbalsos,
de grans canvis que em revifin
o m'enfonsin definitivament,
sumit per sempre més en el corrent
implacable del temps tants de cops explicat,

Off To The Lecture

Along the college path they hurry,
a few students with a worried air,
hurry on their way to the bright classrooms,
radiant with light and foliage,
where only a dark knowledge awaits them . . .
I look at them, as I make my own slow way,
wondering why they take it all so seriously:
it's not as bitter as they seem to think, the pill
of this early morning lecture
which has had them in a spin for months on end . . .

Hours later, when evening has fallen
and everything seems to swirl towards
an imaginary vortex,
we find ourselves dining close together,
then it is they who look at me — tired, withdrawn,
with my gaze turned completely inward,
no friend to words now — and furtively
they must be whispering to each other:
since he knows so much about the subject,
he should take it a bit more philosophically . . .

Lost amidst their racket,
their growing and spirited din,
I am an island of apparent calm
never reached by a single castaway . . .
They live more than ever between extremes
while for me distinctions no longer exist:
joy and sorrow, work and leisure,
all overlap, merging almost
to a single thing . . .

Incapable now of upheavals,
or great chances which might rescue me
or drown me utterly,
plunged for ever more in the relentless,
so often interpreted stream of time,

em retiraré d'hora i no veuré
com s'encenen i s'estimen, com cauen
i es redrecen, com la vida els enganya,
lenta i manyaga, convençuts encara
del poder deslliurador dels seus actes.

I will withdraw early and will not see
how they give and take in love, how they fall
and right themselves, how life, slowly,
gently, deceives them, certain as they are
of the redeeming power of their acts.

La Belle Et La Bête

Als lavabos dels aeroports
hom veu coses força desagradables:
gent que es renta les dents,
gent que es moca amb delit,
gent que estossega i escup,
gent que sense mesura ni comport
permet que el seu cos parli a lloure . . .

D'aquí una estona, però,
tothom serà al seu avió,
empolainat i diligent,
propulsat cap a una terra llunyana
on ben pocs el coneixeran.
Ningú recordarà aquest peatge del cos
i les hostesses ens tractaran com àngels.

La Belle Et La Bête

One sees rather disagreeable things
in airport toilets:
people brushing their teeth,
people blowing their noses,
people hawking and spitting,
people without breeding or manners
allowing their bodies freedom to speak . . .

In a short while from now, however,
they will all be on their planes,
well-polished and diligent,
propelled towards faraway lands
where very few will know them.
No one will remember this tax on the body,
the hostesses will treat all of us like angels.

Les Veus Dels Veïns

Despert i entresuat,
una nit de començaments d'estiu
m'arriben distants bromalls de conversa
que a poc a poc, amb la calma nocturna,
es fan més concrets i gosen quallar
del tot quan em pervenen a l'oïda:
és llavors que veig que són els veïns
que estan parlant, indolentment,
en la seva estreta terrassa,
d'aquells problemes que arrosseguen
com un llast alhora feixuc i fràgil
(altrament, de què parlarien?):
el motor de la barca, la caiguda del fill,
el preu alt del lloguer, les properes vacances,
tot barrejat de forma inextricable
i com formant un conjunt casual.

De sobte, però, un impensat crescendo
d'una de les veus traspua duresa,
amargor una eixuta resposta,
i el plàcid diàleg de cop s'esbalça
en una torrentada de retrets
i de mútues acusacions . . .

"Què val més?" es demana llavors la veu del catre,
"la soledat insomne o el cruixit turmentós
d'una conversa a dues veus?"

"La vida té un cost," semblen dir-me,
i aquest no és altre que el de la disputa,
el d'una rancúnia intermitent.
La resta, prou que tu l'enveges . . .

Neighbours' Voices

Awake and sweaty
one night at the beginning of summer,
distant snippets of conversation come to me
which, little by little, in the calm darkness,
become more coherent and dare to join
on reaching my ears:
it is then I realise it is
the neighbours lazily talking
on their narrow balcony
about the problems they drag along
like heavy but unstable ballast
(otherwise, what would they talk about?):
the boat's engine, their son's fall,
the high rent, the coming holiday,
everything inextricably mixed
and forming a casual whole.

Suddenly, a crescendo:
one of the voices betrays harshness,
a dry answer oozes bitterness,
and then the placid dialogue becomes
a torrent of reproach
and mutual accusation . . .

"What's best?" he wonders, the voice in the bunk,
"This sleepless solitude or the tormenting whine
of two opposing voices?"
"Life has a price," they seem to tell me,
and it is nothing less than dispute
and flashes of hatred.
The rest, you quite envy . . .

Sense Títol

Els mites, no sé què són.
Les nostres són vides desemparades.
Vam créixer a l'ombra d'algun mestre espars,
però ben d'hora sols ens hem trobat,
sense equipatge ni conceptes,
perquè tots ells van morir prest
deixant-nos un magre llegat
impossible de repartir.
Ara que la incipient confraria
ha quedat descomposta,
de ningú no volem ser pares
ni que ens surtin fills impensats:
prou en tenim amb nosaltres mateixos.
Arbustos o esbarzers
enmig d'un paisatge recremat,
només ens és donat produir petits fruits,
bons per distreure's durant un passeig,
però mai per celebrar cap banquet.

Untitled

Myths, I don't know what they are.
Ours are abandoned lives.
We grew under the shadow of a rare master
but too soon found ourselves alone
without the luggage or the concepts,
because death came too early
leaving us a meagre legacy
impossible to share out.
Now that the incipient guild
has been dismembered,
we do not want to be father figures
with sons turning up unexpectedly:
we have enough problems with ourselves.
Bushes or brambles
scattered over a burnt landscape,
all we can do is produce small fruits,
enough to occupy us on short walks,
but never sufficient for a banquet.

El Nou Amor

Ara que la mort de prop ens assetja
— el teu germà, fa poc que l'hem perdut,
i ha estat la seva mort com un llampec
que damunt nostre caigués feroçment —
vivim de sobte un nou amor,
una nova florida, més intensa,
més serenament contorbada,
conscients que som de l'extrema
fragilitat dels nostres dies,
caducs i sempre exposats
baldament no ho recordem.

Cada dia més sols,
més desemparats en el nostre amor,
cada dia més definit el seu contorn,
els límits del teu cos i el pensament,
t'espero i et desitjo amb ànsia renovada,
però m'esfereeixo en sentir tan a prop,
una d'aquelles nits fondes en què
un mateix afany ens enllaça,
el teu dubte imprevist:
— quan t'hagis acostumat al meu cos . . .

Preguntes com aquesta més ens val
no fer-les ni respondre-les,
però em conforta saber que el plaer
potser rau més en el costum
que no en la novetat,
car amb els anys l'amor revé més auster,
més ferreny, més comprensiu de tot,
més gustós del gaudi i del dolor,
de la mort que dins seu duu covada
com una fosca llavor que a poc a poc germina . . .

És en els seus límits que la passió
dia a dia es deslliura i s'enforteix
com el velam apedaçat d'un vell galió
que sobreviu a totes les tempestes . . .

New Love

Now that death lays siege —
we lost your brother a short while back,
and his death has struck us
like a bolt of lightning —
suddenly, we live a new love,
a more intense flowering,
more peacefully disturbed,
conscious as we are of the extreme
fragility of the days,
turning and always exposed
without our noticing them.

Lonely with passing time,
deserted in our love,
its shape more defined each day,
the limits of body and thought,
for you I wait, you I desire with renewed yearning
but, on one of those deep nights in which
the same urge binds us,
I am frightened to hear so close
your unexpected doubt:
When you have grown used to my body . . .

Questions like this it is better
not to ask or to answer
but it comforts me to know
that maybe pleasure lies more in habit than in novelty,
because with time love becomes more austere,
stronger, more understanding,
with a taste for delight and sorrow,
for the death which it bears inside it,
like a dark seed slowly germinating . . .

It is within its limits that passion
day by day unfolds and strengthens itself
like the tattered sails of an old galleon
which survives all storms.

Urgències

T'han segrestat, amor, els teus dolors
mentre que a mi la salut em reté
entre els impacients que esperen
(pura espera som els d'aquesta cambra),
que esperen el retorn dels vostres cossos,
ja guarits o prou refets de l'ensurt
que semblava convertir-vos en xiscle
o en muda dolor que rosega endins . . .
Però passen les hores i no tornes
i cada cop quedem menys esperant,
fins que a l'últim la urgència primera
en calma torbadora es muda,
en un no-res promptament corrosiu:
el món és sols aquest petit teatre
on s'entra i surt a batzegades,
no pas d'acord amb cap guió
ans responent al més cruent atzar,
mentre que el temps fa tot l'efecte
d'haver-se divorciat:
una cosa són els minuts que avancen,
estrictes, del tot aliens a mi,
en el rellotge tan sovint ullat,
i una altra, de ben diferent,
la sensació que tot s'ha aturat,
que tot és aturat a fi només
que em siguis tornada, intacta, quan sigui:
sens tu no podria reprendre el temps;
amb tu, tornaran a endur-se'm rabents
les busques del meu maleït rellotge.

Emergency

Your pains have sequestered you, my love,
while health holds me here
among those who wait impatiently
(in this room we have become pure waiting),
who wait for the return of your bodies
already healed or almost recovered from the fright
which seemed to reduce you to a scream
or to a pain gnawing silently inside . . .
But hours go by and you do not return
and every hour there are fewer of us waiting,
until in the end the earlier urgency
becomes a disquieting calm,
a corroding void:
the world is just this tight space
where one enters and exits abruptly
not according to a script
but answering the worst cruelties of chance,
while time gives the impression of
having been divorced from itself:
the minutes which advance are one thing,
rigid, totally alien to me
on the constantly watched clock,
another thing, very different,
is the sensation that everything is stopped,
everything has stopped so that
you are returned to me, intact, whenever that is:
without you time is beyond my grasp;
with you, I will be snatched away again
by the hands of my wretched watch.

D.L.

Ens trobem sempre en perpètua falta,
ens diu amb rostre sever l'escriptora:
no hem fet tal cosa,
no hem dit tal altra;
el que podíem haver après
no ho sabem encara
i allò que sabem no ho hem ensenyat
malgrat haver-ho pogut fer,
tot ens porta a creure que el nostre
és un terra de culpa,
fet de còdols relluents i gastats
on els peus tostemps ensopeguen . . .
Però la vida no és sols consciència,
més aviat s'esbalça
com un torrent rauxós
cap on ningú no sap,
i sols de tant en tant regolfa,
s'atura i s'emmiralla,
sorpresa de saber-se memòria i espill:
llavors, tal vegada ens adonem
que l'únic que ens és dat d'atènyer
potser no sigui sinó una escassa,
molt fràgil saviesa,
feta alhora d'oblit i consciència,
poder i desistiment,
de límits i confins
que dins nostre no paren mai de créixer . . .

D.L.

We are always in perpetual fault,
the writer tells us with a severe face,
we have not done such and such,
we have not said such and such;
what we could have learned
we have not learned
and what we have learned,
we have not taught
despite being able to do so,
everything leads us to believe
that ours is a land of guilt,
made of gleaming, cast-out pebbles,
where our feet always stumble . . .
But life is not only conscience,
it rather hurtles
like fractious rapids
towards who knows where,
from time to time swirling
to a standstill, becoming a mirror,
surprised to recognise itself
as memory and reflection:
maybe then we realise
that all we can attain
may only be a scarce,
very fragile wisdom,
made at once of obliviousness
and consciousness,
power and abdication;
borders and boundaries
which never stop multiplying inside us . . .

Mans

Aquestes carícies que ens fem
de tant en tant
just abans d'adormir-nos,
quan a fora només rondina el vent
i a dins tot reposa de si mateix,
potser diuen més sobre el nostre amor
que tot l'afany amb què sovint ens abracem,
enduts per les ràfegues del desig:
un mateix vent podria alçar-se
en més suaus planícies,
mentre que aquestes mans,
ja cautes i endurides,
sols saben passejar-se
allí on hi ha amor.

Hands

The caresses we give each other
from time to time,
just on the point of sleep,
with the wind complaining all around
and everything inside resting from itself,
say more about our love, perhaps,
than all those embraces when we
lifted on urgent gusts of desire:
such a wind could rise still
on gentler plains
but these hands,
cautious and hardened now,
can wander only here,
where there is love.

Alex Susanna is a poet, prose-writer, literary critic and translator. He is the literary director of the publishing house Columna in Barcelona. He is also the founder and director of the International Poetry Festival of Barcelona. He won the Miquel de Palol Award of Poetry in 1979 for *Memòria del cos*; the Josep Pla Award in 1988 for *Quadern venecià* and the Carles Riba Poetry Award in 1991 for *Les anelles dels anys*. His works have been translated into Spanish, French, Portuguese and Croatian. He has translated T.S. Eliot's *Four Quartets*, Paul Valery's *Monsieur Teste*, Louis Aragon's *Irene* and Apollinaire's *Calligrames*.